상어가 상어에게

# 상어가 상어에게

손지안 시집

바른북스

매 순간 치열하게 살아가고 있을 상어들에게
상어가 이 시집을 바칩니다.

언제나 헐떡이며
멈추고 싶어도 멈출 수 없는 상어지만,
또 다른 상어가 쓴 이 시를 읽으면서
잠시나마 숨을 쉴 수 있길.

2024년 12월
손지안

작가의 말

메모장에 있는 저의 낙서들을 꺼내 보았습니다.
그 낙서들은 꼭, 저를 비추는 거울 같습니다.
제가 쓴 문장에서 저라는 사람이 고스란히 묻어나
옵니다.

저는 제가 쓴 모든 글을 낙서라고 부릅니다.

형식이 정해져 있지도 않고,
제가 살아가며 느낀 것들이 정제되지 않고 담긴,
정말 낙서이기 때문입니다.

그래서 이 책을 펴신 여러분께
부탁드릴 것이 하나 있습니다.

뭔가 거창한 것을 바라고 책을 펴기보다
누군가의 일기장을 훔쳐보는 듯한 설렘과
가벼운 마음을 가지고 열어주세요.

아직 어린 열여섯의 글들을 엮어놓았으니까요.

가벼운 마음으로 읽어주세요!

감사합니다.

차례

작가의 말

## 1부 | 상어가

| | |
|---|---|
| 하얀 캔버스 | 14 |
| 토마토 수프를 끓였어 | 15 |
| 22 | 16 |
| 우리의 봄 | 17 |
| 그네는 혼자 못 타고 싶어 | 19 |
| 아쉬워서 | 22 |
| 이 여름이 끝나지 않았으면 좋겠어 | 24 |
| 이상론을 믿었으니까 | 27 |
| 상어 | 28 |
| 진심 | 31 |
| 헝클어진 채로 내버려둬도 | 33 |
| 나무 위에서 | 35 |
| 괄호 | 36 |

| | |
|---|---|
| 라벤더 향 입욕제 | 38 |
| 과제를 못 했어 | 40 |
| 냉동식품 | 43 |
| 해동 실패 | 45 |
| 꿈 | 47 |
| 바다의 기억 | 49 |
| 잠금장치 | 51 |
| 일회용 | 53 |
| 청춘 | 54 |

## 2부 | 상어에게

| | |
|---|---|
| 자두 맛 봄 | 60 |
| 눈동자만 봐도 | 62 |
| 지하철 | 64 |
| 상어에게 | 65 |
| 첫사랑 | 67 |
| 여름의 맛 | 69 |
| 레몬 사탕을 굴려봐 | 71 |
| 내 여름은 너야 | 72 |
| 멈췄으면 좋겠어 | 74 |
| 마지막 여름 편지 | 75 |
| 사라짐 | 77 |
| 이카로스 | 78 |
| 넌 내 옆에 없다 | 79 |

| | |
|---|---|
| 어른이 되어버렸고 | 81 |
| 컵 | 83 |
| 부메랑 | 85 |
| 달빛마저 | 86 |
| 고양이 위로 | 87 |
| 겨울-봄 | 89 |
| 물방울 | 90 |
| 함께 맞는 청춘 | 91 |

1부

상어가

## 하얀 캔버스


그녀가 무대에 발을 딛자
뜨겁디뜨거운 조명이 그녀만을 비추기 시작했다

그러자 무대는 하얀 캔버스가 되었다

저 멀리 백스테이지에는 또 다른 물감들이
반짝거리는 눈으로 그녀를 바라보고 있었고
객석에는 수많은 붓들이 그녀를 쳐다보고 있었다

그들은 어떤 물감을 눈에 발라
자신들만의 세계를 그려낼까?

그녀는 고민했다

나는 무슨 색인지
나는 어떤 그림을 그려낼 수 있는지

## 토마토 수프를 끓였어

물러터진 토마토를 발견했다

냄비에 어제의 눈물을 담아
물러터진 토마토를 넣고 으꼈다
나아질 미래를 향한 희망으로 간을 맞췄다

썩기 직전이었는데
끓이니까 맛있네

## 22

각기 다른 모양의 퍼즐 조각들을
한 판에 맞추자니
계속 안 맞고 투닥거립니다

몇 조각을 빼려고 보니
모든 조각이 필요합니다

고민하던 중

깜빡
3년이 흘렀습니다

어느새 원하던 퍼즐이 되었습니다
원하는 것보다 더 아름답습니다

조각들이 서로 자신의 모양을 깎아
맞춘 거였습니다

## 우리의 봄

추운 겨울의 앙상한 나뭇가지를 벗어나
다시 새로운 꽃잎 옷을 입어대는 봄이 찾아왔다

꽃잎들 사이로 풍기는 새출발의 활기찬 향기가
어느 누구든 다시 피어나고 싶게 만드는 봄

매년 3월의 끝자락이 되면
우린 예쁘게 흐드러진 벚나무 앞에서 사진을 찍었다

매년 똑같은 장소에서
같은 나무 아래서 찍는 사진인데도

매년 우리는 조금씩 변해가고 있었고
벚꽃처럼 서서히 무르익어가고 있었다

내년 봄에는
이 자리에서 같은 벚꽃을 볼 수 없겠지

우린 서로에게 꽃잎이니까
서로의 사계절에 잠깐 피어나고 질 꽃잎

그래도 그 꽃잎을 주워서 말리고 간직한다면
늘 곁에 남아 있겠지

봄은 다시 돌아오고
벚꽃은 다시 피어나겠지만

봄 속의 지금은 다시 돌아오지 않고
지금 보는 벚꽃 또한 다시 돌아오지 않을 것이다

그렇지만 괜찮아
그때의 우리는 그날만 살 것처럼
배꼽을 잡고 웃어댔거든

## 그네는 혼자 못 타고 싶어


미적미적 걸어가
물로 고양이 세수를 하곤 식탁에 앉았어

김이 모락모락 나는 진미채주먹밥

엉성한 젓가락질은
꼭 목표를 향해 가는 달팽이 같지
힘겹게 잡아 입에 넣으면 느껴지던 따뜻함

맛있어?

씰룩거리는 입으로 물어보는 엄마 얼굴
고개를 끄덕이니 미소로 바뀌던 입꼬리

아빠 어깨에 걸터앉은 세상은
낯설지만 제일 좋았어

꼭 거인이 된 것마냥
뭐든 할 수 있을 것 같은 마음이
모락모락 피어올라

어디까지 밀어줄까?
저- 나무에 닿을 때까지!

무서우면 언제든 말해. 어디까지 밀어줄까?
우주까지!

7살이 되던 날 아빠가 물었어

그네 혼자 타는 법 알려줄까?

혼자 서기를 유독 좋아하는 나지만
싫다고 고개를 저었어

왜?

아빠가 밀어준 만큼 올라가면
내가 그렇게 동경하는 새가 된 것 같았기에

아무리 그네가 높이 올라가 무서워도
뒤에서 잡아주는 따뜻하고 커다랬던
아빠 손이 있었기에

무서우면 말하라는 그 말이 좋았기에

그리고 내 웃음소리에 연이어 들리던
아빠의 너털웃음 소리를 애정했기에

그네는 혼자 못 타고 싶어

## 아쉬워서

허황된 꿈을 꾸었지

이루지 못할 거라는 걸 알면서도
쉽사리 포기 안 되어서
미련하게 눈물만 흘렸지

이번에는 정말 안 되겠다

허황된 꿈이라도 이룰 수 있을 것 같아서
어디서 나온 자신감인지는 모르지만
나는 이룰 수 있을 거라고 생각해서

이번에는 정말 안 되겠지

허황된 꿈이라는 걸 인정하고
주변 사람들 뜻대로 포기하려고 했는데

이번 한 번만 다시 해볼까

아무리 허황된 꿈일지라도
뒤 내용이 궁금해서 한 번 더 잠을 청했어

아쉬워서

# 이 여름이 끝나지 않았으면 좋겠어

가득한 여름 햇살이
연습실 창문을 통해 쏟아져 들어왔다

신관 건물은 특강을 기다리는 학생들로 북적였다
복도는 친구들의 웃음소리와 수다로 가득 차 있었고
반짝이는 눈빛들에는 열정이 서려 있었다

그들의 마음속에서 자라나는 꿈은
마치 여름의 태양처럼 뜨겁고 밝았다

우리는 연습실에 가방을 던져 놓고
바깥으로 나왔다

뜨거운 햇살이 녹은 설탕처럼
몸에 끈적히 달라 붙었다

우리의 웃음소리는 공기 중에 퍼져 나갔고

우리들 사이에 시답지 않은 이야기에
배꼽을 잡고 깔깔대며 웃어댔다

여름의 짙은 색감은
우리의 마음속에 열정을 불어넣어 주고 있었다

시간이 흐르고 태양이 점점 기울어 가자
우리는 더이상 밖에서의 시간이 아쉬워지지 않았다
시원한 에어컨 바람이 우리를 부르고 있었다

여기 완전 시원해

고요할 틈 없는 연습실 안에서
등줄기에 가득한 여름을 잊었다

감기에 걸리는 줄도 모르고
실기고사가 일주일 남았다는 사실마저 잊고는
그 시간 속에 존재했다

이 여름이 끝나지 않았으면 좋겠어
이 순간이 영원했으면 좋겠어

진지한 눈빛은 오래가지 못하고
피식거리는 웃음소리와 함께 바뀌었다

여름의 오후
우리의 웃음소리는 연습실을 메웠다

이 시간이 언제까지나 계속되기를 바라
정말로

## 이상론을 믿었으니까


언젠가 달의 뒤편에 숨겨진 작은 빛이
천천히 떠오르면

우주인은 그 빛을 손끝으로 풀어내
지구로 향하는 혜성에 매달아 보낼 거야

나는 그 황홀한 순간을 기다리며
흩어진 별빛 속에서
모든 것을 놓아줄 준비가 되어 있어

폭염 같던 낭만에 미끄러지고도 깔깔대던 우리는
이상론을 믿었으니까

# 상어

눈을 감고 뺨을 스치는 물결을 느껴봐
네 코끝이 가르는 물살의 세기를 가늠해봐

너는 상어야
빛이 닿지 않는 심해까지도
유유히 헤엄치는 상어

상어의 심장을 지닌 너는
종종 겉돌고 있는 거 같다고 말했어

날카로운 이빨을 가졌다는 이유로
아름다운 풍경과 어울리지 않는다는 말을 들었지

넌 항상 말했어

나도 저곳에 가고 싶었어
내가 원하던 건 저런 거였어

네가 꿈꿨던 것 앞에서
넌 네 심장이 상어라는 이유로 낙담했어

내 몸집이 조금 더 작았다면
내 표피가 조금 더 부드러웠다면

내 이빨이 조금 더 작았더라면
내가 상어로 태어나지 않았더라면

넌 상어이기 때문에
너는 끊임없이 헤엄쳐야 해

그렇지 않으면 넌 사라질 테니까

도망칠 수 없었지
멈추는 순간 모든 게 끝날 것 같은데
무슨 수로 멈추겠어

넌 가끔 숨고 싶다고 했어

빠르게 헤엄치지 않아도 되는 곳으로

햇빛 아래서 낮잠을 자고
그걸로도 모자라 덧잠까지 잘 수 있는 곳으로

하지만 빠르고 민첩하고 강한 이빨을 가진 너
어떤 위험이 와도 헤쳐 나갈 수 있는 너
네 심장은 어떤 어려움이 와도 펄떡거려

네가 알지 못하는 새에도 넌 꿈을 꾸고
그 앞선 걸음으로 바쁘게 걸어가고 있어

넌 멈출 수 없어
멈추지 않아
그리고 그런 널 응원해

# 진심

터진 풍선껌처럼 입에 진득하게 달라붙는 내 진심

입술을 앙 다물었다가 깨물었다가
두서없이 엎질러질 것만 같은 말들을 정리해보다가

빨리 말해야 하는데
우물쭈물

손에 잔뜩 붙은 도깨비바늘을 쥐었다 폈다
손톱 사이를 타드득 뜯었다가 고개를 돌렸다가
어색한 적막을 깨려고 잠시 웃었다가

더 어색해져서 눈을 빠르게 깜빡깜빡깜빡
네 눈은 끔적끔적

이렇게 촌스러운 짓은 하기 싫었는데

방수가 된다던 물에 엎어졌는데 왜 젖는 걸까

# 헝클어진 채로 내버려둬도

꼬불꼬불 엉켜버린 줄이어폰을 나눠 끼고
지직거리는 옛 음표들을 나눠 듣던 우리의 모습은
헝클어진 채로 남아 있지

헝클어진 채 남아 있을 시간들을
헝클어진 채로 남겨둘 줄 아는 법을
배워야 하는데 말야

예상치 못했던 태풍에
발끝이 자꾸만 무너져 내리던 우리

따스한 햇살 속의 옛 음표들은 잊은 지 오래

끝까지 달리면 폐가 터질까
주저앉으니 들리던 꿈의 노래

그날 우리가 약속했던

그 노래는 눈을 감아도 떠오를까

우리가 갈 수 있는 유일한 꿈이야

# 나무 위에서

가끔 우리가 어렸을 때
나무를 타던 장면을 떠올리면
자꾸만 웃음이 나

나무에 올라타면
꼭 어른이 된 거 같았지

나뭇잎을 타고 우리를 감싼 햇살 속에서
아찔한 기분 꾹 참고 밑을 바라보면
그 순간만큼은 세상을 다 가진 기분이었어

눈을 감고 열을 세면 부서지던 초록의 소리

아지랑이가 말갛게 피어오르던 그날
그 나뭇가지 어딘가엔 어린 내 꿈이 아직 걸려있을
거야

## 괄호

희망을 속삭이던 우리의 괄호는
그믐달로 열리고 초승달로 닫혔지

그믐달의 어둠 속에서
우린 별들을 눈에 가득 담아
밤하늘에 꿈들을 수놓았어

그런 거 다 소용없다는 어른들의 말에도
우린 들을 생각이 없었으니까

근데 아무도 우리의 꿈에
관심이 없다는 걸 알게 된 순간

초승달의 희미한 빛처럼
희망은 점점 흐려지고

이루지 못한 꿈들은

차가운 어둠 속에 묻혀버리고

우리가 품었던 꿈은
그믐달에서 시작되어 초승달에서 포기된 채
초승달처럼 얇은 조각의 잊혀지는 희망이 되었네

(                                      )

# 라벤더 향 입욕제

욕조가 물을 머금고 있다

입욕제가 퐁당
포글포글 올라오는 거품에 들어가면
마치 사이다 속에 들어온 것 같아

고여있는 물 안에서도 넘실거리는 물결이
날 계속 간지럽히는 이유는
자유를 원하는 목소리일까

엉뚱한 문장들은
증발수와 함께 증발시키고
언뜻 떠오른 오늘의 기억들은 물에 흘려보낸다

소근소근 비밀 이야기도 과부하 기억저장함도
라벤더 향 물에 녹인다

들러붙어 닦이지 않는 건
박박 긁어 떼어낸다

## 과제를 못 했어

하복이 춘추복으로 바뀌고
교실에서도 더 이상 에어컨을 틀어 달라며
땡깡 부리는 애들이 없어졌다

우리는 춘추복으로 갈아입는 게 불편하다며
늘 투덜거렸다

썰렁해진 날씨에 전공실로 가는 길
우리는 서로 팔짱을 끼고 체온을 나누며 걸었다

사물함 앞에서 한 명이 전공 과제를 준비하지 못했다며
그저 가을바람 따라 사라지고 싶다는
허무맹랑한 소리를 하고 있었다

나도 안 했어
진짜 이번엔 끝이야
옆에서 너도나도 동조했다

걱정 가득한 친구의 눈빛은
어느새 다시 밝아지고 있었다

우리는 언제나 그랬다

각자 겁을 먹고 걱정하던 순간에도
서로의 농담 속에서 다시 기운을 차리곤 했다

걱정이란 건 혼자 짊어질 때 가장 무겁지만
함께 나누면 그것도 웃음으로 변했다

전공실로 향하는 동안 우리는 노래를 부르기 시작했다
누군가가 가벼운 멜로디를 흥얼거렸고
곧이어 모두가 그 멜로디에 맞춰 목소리를 더했다

가사를 정확히 기억하지 못해도
엉망진창으로 음 이탈이 나도
그저 크게 부르는 게 중요했다

가을바람을 타고 퍼져 나가는 노랫소리는
복도에 울려 퍼졌다

부끄럽기만 했던 이 노랫소리가

그날따라 왜 그렇게 듣기 좋았는지 몰라

## 냉동식품

차가운 문을 열면
내 안엔 무수한 기억들이 쌓여 있다

신선했었던 꿈들과 희망들이
서늘한 온도 속에서 그대로 멈춰 서 있다

시들어버린 마음은
구석에 밀쳐져 잊혀졌고

냉장고 속의 차가운 공기는
그 감정들을 더욱 얼어붙게 만든다

한때는 밝고 싱그러웠던 꿈들이
이제는 바랄 수 없는 빛이 되어버렸고

가끔 문을 열 때마다
희미한 기억들을 꺼내 보려 하지만

이미 오래된 감정은 되돌릴 수 없다


냉장고 속 깊이 숨어 있는 그 마음들은
한때는 뜨거웠던 나의 일부였지만
이젠 서서히 사라져 가는 잊힌 시간의 흔적일 뿐


냉기 속에서 잃어버린 열정과 반짝이던 꿈들은
해동해도 좀처럼 돌아올 기미가 안 보이는


냉동식품일 뿐

# 해동 실패

냉동식품처럼 얼어붙은 마음을
냉동실에서 꺼내 해동시킨다

차가운 공기 속에서 마음은
마치 긴 겨울을 지나온 듯 굳어버렸다

얼음처럼 차가운 감정이
입안에서 녹기를 간절히 바라고 있다

아침으로는 열등감을 차려 먹었다
재료들은 서로를 깎아내리며 싸우기 급급하다

나는 그것들을 입안에 넣어 터트려 삼켜서
내 열등감을 채우기 급급하다
쟤네보단 내가 낫지

거울 앞에 선 나는 꽤 초라하다

옷장을 열어 두꺼운 스웨터를 꺼냈다

부드러운 니트 속으로 자신을 감추며
잠시나마 따뜻함을 느끼려 했다

파운데이션을 두껍게 발라 어젯밤의 흔적을 지우고
눈 밑에 쌓인 감정들을 감췄다

망치와 칼을 가방 깊숙이 숨겨놓았다
속마음보다는 위로

# 꿈

꿈에서는 누구보다 비참하게 살고
고통스럽게 내게 상처를 내고
캄캄한 길을 더듬더듬 걸어가다가도
일어나면 또 아무렇지 않았다

꿈에서는 숨이 안 쉬어질 만큼 엉엉 울어도 보고
화가 풀릴 때까지 악을 쓰며 소리쳐보고
용서받을 때까지 무릎을 꿇고 애원하다가도
일어나면 또 아무렇지 않았다

오늘이 꿈인지 현실인지 분간이 안 될 때면
자기 전 침대에 누워

꿈이면 좀 재밌는 꿈 좀 꾸지
같은 바보 같은 말을 중얼거렸다

꿈에서는 어제를 살다가
깨어나 오늘을 살았다

꿈에서는 진짜를 살았다가
깨어나 가짜를 살았다

# 바다의 기억

바닷바람이 얼굴을 간질일 때
모래사장에 발을 처음 디뎠다

발가락 사이로 따뜻한 모래가 스며들고
하얀 파도는 끊임없이 밀려와
그 위를 부드럽게 씻어냈다

발이 물에 닿았을 때
처음 느끼는 찌르르한 느낌이 밀려왔다

물은 차가웠지만 그 차가움은 금세 익숙해졌다
파도가 밀려오고 물러가면서 발밑의 모래를 쓸어 갔다
마치 내가 서 있는 땅이 사라지는 것 같았다

그날 저 멀리 배 한 척이 조그맣게 떠 있었다
배는 바람에 몸을 맡긴 채 천천히 흔들리며
수평선 쪽으로 나아갔다

엄마 저거 어디로 가?
저 배는 어디든 갈 수 있지, 너처럼

이해할 수 없는 말이었지만
머릿속에 하루 종일 맴돌았다

손가락을 펴서 하늘과 바다를 연결한 듯한
경계를 가리켜 보았다
저곳에 가면 무엇이 있을까?

나는 작은 조개껍데기를 하나 주웠다
손바닥에 올리니 그 조개는 너무 작아서
내가 보고 있던 그 거대한 바다의 일부라는 사실이
믿기지 않았다

그날 밤 집으로 돌아오는 길에
나는 조개껍데기를 주머니에 넣고 끝없이 생각했다

나는 그 작은 조개껍데기를
아직도 간직하고 있다

## 잠금장치

털레털레 들어와
방문을 닫고 잠금장치를 꾹 눌렀다

자꾸만 자꾸만 쏟아지는 눈물을 멈추지 못하고
자꾸만 자꾸만 무너져 내렸다

코끝이 새초롬 해지더니 눈 밑이 벌게진다

물렁거리는 파도가 밀려오더니
조용한 수평선이 눈앞을 가린다

포드드 떨리는 입술로 숨을 내뱉고
혹시나 눈물을 들킬까 봐 고개를 숙이고

쇄골에 가득 담긴 눈물이 흘러내리지 않게
어깨를 잔뜩 올리고 숨죽여 울었다

그래서 잠금장치가 있나 봐

# 일회용

손난로를 손에 쥐고
그 작은 물체에서 나오는 따뜻함을 느끼며
깊은숨을 내쉬었다

탈탈탈탈
손난로가 손안에서 흔들릴 때마다
마치 잃어버린 꿈들이 소환되는 것 같았다

손난로를 꼭 쥔 두 손은 마치 기도를 하는 손 같지
온몸을 녹이는 따뜻함에 잠시나마 영원을 꿈꿨다

어두운 길을 걸으며
손난로의 열기가 사라지더라도
내 안에서 따뜻함으로 남아 있을 기억

영원하지 않은 따뜻함이지만 말이야

# 청춘

연습실이 떠나가라 울다가도
언제 그랬냐는 듯 입꼬리가 찢어지게 웃습니다

간절한 꿈을 향해
풋내 나는 열정으로 치열하게 내달립니다

다 같이 연습실에서 그린 지도를 보고 가다가
누가 넘어지면 일으켜주고
누가 뒤처지면 기다려주며
발맞춰 걸어갑니다

서로를 향한 낯간지러운 마음을
요령 없이 뱉어내고
영원을 함부로 약속하곤 합니다

그런 엉성함마저도 사랑할 수밖에 없었던
당신들이 딛게 될 모든 발자취들을 응원합니다

2부

—

상어에게

"사람은 직접 보고, 듣고, 느낀 것만을 바탕으로
자신이 생각하고, 말하고, 표현할 수 있다."

가치관으로 박혀 있는,
16년 동안 변치 않는 신념 중 한 가지입니다.

누군가를 만나 이야기를 나눠보면
말씨에서, 눈빛에서, 작은 행동에서
그 사람의 삶을 잠깐 엿볼 수 있습니다.

좋은 사람 옆에 있다는 건
참 중요한 일입니다.

그 사람과 함께 지내면서
점차 그 사람을 닮아갈 테니까요.

그렇기에 우린 나를 지키기 위해,
더욱 신중하고 냉정하게,
관계에서의 벽을 세우는 것일지도 모릅니다.

돌아보면, 전 정말 감사하게도 좋은 환경과 기회에서
다양하고 귀중한 것들을 많이 보고, 듣고, 느끼며
자라왔습니다.

1부와 달리,
2부에서는 수많은 상어들에게
제가 해주고 싶은 말들을 담았습니다.

## 자두 맛 봄

봄은 자두 맛 사탕
넌 날카로운 사탕에 베여 나는
비릿한 피 맛을 좋아했지

봄은 착각의 계절 아닌가요
봄은 사라질 꽃잎 아닌가요
봄의 어원은 멸망 아닌가요

그래
봄은 꼭 자두 맛 사탕처럼
진한 향을 남기고 서서히 흩어져 가

사진 속 밝게 웃는 네 사진을 바라보면 떠오르는
그날의 벚나무

떨어지는 꽃잎들에는
아직도 자두 맛이 맴도는 것 같아

우리의 봄은 자두 맛 사탕
아직도 벚나무 꽃잎에선 달큰하고 비릿한
자두 맛이 나

# 눈동자만 봐도

컴컴한 어둠 속에서도
빛을 잃지 않고 빛나던 눈동자
조금 있으면 꺼질 듯한 형광등처럼
부서지던 눈동자

아무 말 없이도 알 수 있어요
힘겹게 눌린 마음의 무게를

앞이 보이지 않는 어둠 속에서 헤매는 당신에게
손끝으로 전하는 묵묵한 위로가
잠시라도 쉴 수 있게 해주길

내가 머물지 못하는 밤,
눈물 젖은 길 위에
작은 달빛이 당신의 앞길을 비춰주길

한바탕 밟히고 찢겨 헐벗겨진 꿈의 조각들이

하나둘 빛을 되찾을 때까지
내가 그 자리에 있을 수 있길


언젠가 당신도 알게 될 거예요


당신 곁엔 늘 내가 있었다는 걸
당신은 혼자가 아니었다는 걸

## 지하철

누군가의 휘청거림에 운동화가 밟혀도
가끔은 예상치 못하게 넘어져도
의지할 손잡이가 있었기에

너무 꽉 차 있어 숨쉬기조차 힘들어도
졸음을 못 이겨내 내려야 할 역을 놓쳐도
어떻게든 목적지로 달려가고 있었기에

우리의 인생도 지하철이라 믿기에

너무 오래 생각하며 지하철에 머물러 있다가
정작 내려야 할 목적지를 잃지 않기를

## 상어에게

매일 달려가는 이 상황이 지겨울 때도

아무리 엉엉 울어봤자
바닷속이라 티도 안 날 때도

그만 헤엄치고 싶어
네 지느러미가 혐오스러워질 때도

네 위협적인 모습 때문에 어울리지 못할 때도

그 어떤 모습이든지 난 너를 사랑해
아프지만 마

네 옆에 있을 수 있어서
너랑 함께 헤엄칠 수 있음에 감사해
내가 도움이 될 수 있음에 감사해

우리 힘들어도
헤엄쳐보자

이 커다란 바다에서

# 첫사랑


아무 일도 없는데 입꼬리가 자꾸만 올라가
자꾸만 생그러운 레몬 향이 코에서 맴돌고
손끝 발끝에 행복이 찌르르

답장 하나에 작은 털끝까지도 파르르
고장 난 로봇마냥 손가락마저 어버버

환히 웃는 네 미소는 땀 흘리고 마시는 물 같지
햇살 받아 투명해진 네 눈 속은
얼마나 예쁜 것들을 담으려고 그리 반짝이는지

잠 못 이루는 끈적이는 밤
까슬거리는 여름 이불 속에서
꿈속으로 가려던 생각은
일부러 길을 잃곤 네 생각으로 도착해

잠깐 생각만 했는데 눈꺼풀이 포스스

풀벌레 울음소리보다 크게 울리는 심장 소리
혹시나 들킬까 이불 속으로 더 꼭꼭 숨게 되던

# 여름의 맛

아무렇게나 신발을 벗어 던지고 연습실에 들어가
사감 선생님 몰래 먹던 아이스크림

'투투' 입으로 수박씨를 얼굴에 붙이며 먹었던 수박

도시락 뚜껑도 안 열었는데
상큼함이 퍼지는 복숭아

땀 뻘뻘 흘리고 쉬는 시간에 마시던 냉수가
생명수와 같은 한여름

우리는 여름의 절정을 지나고 있다

밤이 되어도 식지 않는 아스팔트처럼
밤이 되어도 열정은 식지 않고

더운 공기에 취해 한창이라고 말했지만

모든 시기는 짧고 아쉬웠다

그러니 여름의 맛을 즐기자
지금의 맛을 즐기자

한창이라고 느껴지지만
지나고 보면 짧고 아쉬울 테니

## 레몬 사탕을 굴려봐

처음엔 시큼해도
조금만 더 입에서 데굴데굴 기다리면
기필코 달달한 순간이 오지 않겠어?

도르륵
다르륵
조금만 더 버티면
달아질 거야

# 내 여름은 너야

여름을 지독히도 사랑했다
여름이라는 단어도 사랑했지만
무엇보다 여름 속의 너를 사랑했다

여름이 오면 초록 속에서
함께 유영하던 네가 떠올라

소다수보다 짜릿하고
수박보다 달콤했던 여름이지

더위쯤이야 신경도 안 쓰였어
네가 내 옆에 있는데 그런 게 다 무슨 소용이야

찌르르 눈부신 햇살이
우리의 두 눈을 가려버렸지

이마에 맺힌 송골송골 땀방울들은

우리의 여름을 가득 담고 있어서
닦기조차 아까워

사랑이라는 발음이 유독 서툴렀어

꼭 말해주고 싶었는데
바보 같은 발음을 들려주기가 민망해서
모기가 된 것처럼 안 들키게 몰래몰래 속삭였지

사랑해라는 말이 발음이 잘 안돼

그러니까
내 여름은 너야

## 멈췄으면 좋겠어


파아란 하늘에 그림 그리는 비행기
샛노랑을 가득 품은 햇살
멀리멀리 날아가는 새 웃음소리
시간에 색이 바래지는 꽃잎들

밤바다의 화려한 불꽃놀이
별똥별도 아닌데 눈을 감고 소원을 빌던 우리
깔깔거리다 금세 진득해지던 소리들

있잖아 가끔은
같이 있는 이 시간을 꼭 붙잡아두고 싶어

지나고 나면 철없어 보일,
풋내나는 소원을 비느라 꼭 감긴 눈처럼 말야

## 마지막 여름 편지

내 말 들어봐

너는 여름 향수에 취해 네 비밀을 다 털어놓고는
비밀을 지켜주기로 했던
친구들의 새끼손가락을 원망할 거야

네가 여름 바람에 이끌려 홧김에 해버린 고백은
얇디얇은 여름 이불마저 뜨거워질 만큼
밤새 널 후회하게 만들 거야

근데 있잖아

너는 아직 모든 것이 처음이라 두렵겠지만
언젠가 그 감정조차도 너를 단단하게 해줄 거야
피하지 말고 그 감정을 꼭 껴안아주길 바라

여름 향수에 취해서라도
여름 바람에 이끌려서라도

바보 같은 여름 놀이를 즐기길 바라

# 사라짐

사라짐
살아짐
삶

사라짐의 줄임말이
삶이라면 우리는 매일 사라지고 있다

동시에 살아지고 있다

사라지는 것 같아도
살아지고 있다

## 이카로스

깃털과 밀랍으로 짠 꿈을 타고
태양 가까이에서 불타오르길 바라고

가장 빛나는 곳을 향해 날아올라

뜨거운 침묵 속에 녹아버린 밀랍 날개에도
바람 속에 사라진 깃털에도 추락하지 않고

가장 빛나는 곳을 향해 날아올라

# 넌 내 옆에 없다


넌 아무 말도 하지 않았다
네 손을 꼭 잡고 힘들어서 못 살겠다며
엉엉 우는 나를 빤히 바라보고 있었다

얼어붙은 강을 건너기 위해
한참을 걸어야 했고
매번 그 앞에서 멈추곤 했다

무너졌다

말인지 눈물인지 모를
모든 것이 마구 쏟아졌다

그때 너는 여전히 아무 말도 하지 않았다

침묵이 나를 덮쳤고
나는 그 속에서 허우적거렸다

네 손을 꼭 잡은 채로 말이다

그제서야 알았지

네가 더 이상 내 옆에 있는 것이 아니라는 사실을
네가 떠나간 지 오래라는 것을

지금 내 앞에 앉아 있는 너는
오래전에 남겨진 환영일 뿐이었다

나는 과거의 내가 남긴 바다를 벗어나
이제 스스로의 파도를 만들어야 했다

# 어른이 되어버렸고

그러니까
우리가 너무 어려서일지도 몰라

새롭게 익어가던 낯선 감정들을
좀 씹어보다가 결국엔 뱉어버리는 날 선 언어 조각들을
어떤 티도 안 내고 혼자 껴안아서
그래서 버겁게 느껴졌을지도 몰라

난 여전히 성장통을 겪고 있고
넌 성장통을 그리워해

난 어른의 틀에 나를 끼워 맞추다가
엉망이 되었고

넌 다 커버린 몸을 아이의 틀에 끼워 맞추면서
아직 어리다는 헛소리를 늘어놓지

그래
난 바닥에 눈물을 진창 흘려놓았지만
그 소리를 삼키고 있는 넌

이미 어른이 되어버렸고

# 컵

집에 와 꺼낸 컵에는
오늘 들은 말들이 가득 차 있다
얼른 세면대에 부어 흘려 보내고
다시 귓속에 넣어둔다

평소 같았으면 말렸다가 내일 아침에 넣었을 텐데,
오늘은 대충 수건으로 닦고 넣어놓았다

뒤늦게 집에 들어온 네가 건네는 말이 모여
다시 컵이 차오른다

너는 컵 속에 갇혀 있는 것 같다
자신의 세계에 갇혀 있는 모습이
곧 빠져 죽을 것 같다

다음 날 너와 카페에서 만났다
마음속 묵혀뒀던 컵을 엎질렀다

잘못 엎지른 것 같은 말을 주워 담지도 못하고는
애꿎은 커피만 벌컥벌컥 들이킨다

집에 와보니 천장의 작게 뚫린 구멍에서
후회가 떨어진다

그 잔잔한 후회를 컵으로 받혀놓았다

창문 밖에서 세차게 토로하는 후회보다
이 잔잔한 후회가 좋을 때도 있다

# 부메랑

남이 던져 내게 상처만 남긴
부메랑은 모순되게도
아무리 던져도 나에게만 꽂힌다

어떻게든 벗어나 하늘을 보려 하면
다시 날아와 목덜미를 찌른다

벗어날 수 없는 걸까
그래도 난 살아가야지

어두컴컴한 이 안개 속을 벗어나
무지개가 보이는 날까지

그러니
내게 감정 쓰레기 부메랑을 던지는 그대도
부디 행복해지세요

## 달빛마저

달빛이 버린 아이는 잠에 들지 못하고
꽁꽁 숨어 오늘의 기억을 닦아내고

달빛이 보이지 않으니 자신을 탓할 수밖에

자신의 걱정을 모아 아플 때마다 달여 마시고
따뜻한 온기에 취해 버려진 것도 잊은 채 웃고

그 아이는 되게 나쁜 아이인가 봐요

## 고양이 위로

날렵하게 지붕 위에 올라타서
저 아이의 꿈이 탈색되는 걸 바라보았죠

작은 어깨를 들썩이며 눈물을 훔치며
다 먹고 버려진 참치캔의 표정을 지어요

내가 저 아래로 내려가서 몸을 스치면
울음을 멈출까요?

무슨 일이 있었을까
먹이를 빼앗겼나 무리에서 소외됐나

달빛을 눈에 박은 저 아이의 눈동자는
공격당할까 무서운 새끼 고양이마냥
힘 잃은 채 흔들려요

걸어가다가 멈춰서

눈물 자국 흐린 볼을 쓰윽 닦고는
비 맞은 쥐의 발걸음으로 걸어가네요

저럴 때는 눈을 가늘게 뜨고
수염을 팽팽히 세우고
높이 날아갈 줄도 알아야 하는데 말이지

말린 어깨처럼 마음도 둥글게 말아버렸네요

별빛이 떨어트린 실비듬이
아이의 머리 위를 지나가요

그 별빛을 따라 하늘을 올려다볼 때
혹시 나랑 눈이 마주치면 눈 한번 깜빡여줄 텐데

내가 할 수 있는 위로는 그것뿐이라

# 겨울-봄

눈이 녹으면
봄이 온다

우리가 지금 이렇게 힘든 것은
그동안 쌓아왔던 것들이 녹으면서
봄이 올 준비를 하고 있는 게 아닐까?

눈이 녹아야
봄이 오니까

## 물방울

저 멀리서 밀려오는 파도
감당하기엔 너무 버거워 보여
한 걸음 다가가 손끝에 닿으면
작은 물방울로 내 발에 안겨

밤하늘 사이로 빛나는 별처럼
멀리서 보면 손에 닿지 않을 꿈
한참을 달려가다 보면 결국 내 하늘이 되어 있어

넘어져도 잠깐 멈춰도 목적지만 잃지 않는다면
파도처럼 밀려오는 두려움도
작은 물방울처럼 이겨내

너무 무겁게 느껴지면
잠시 물러나도 괜찮아

흐르는 물은 결국 길을 만들어

## 함께 맞는 청춘

속상한 마음 꾹 짜서
따뜻한 말들로 말리자

외롭고 불안한 밤 모아서
지나간 어제로 날려버리자

무서운 앞길 손 꼭 잡고
웃음소리를 손전등 삼아 함께 걸어가 보자

낭비하기엔
너무 아름다운 청춘이니까

# 상어가 상어에게

초판 1쇄 발행 2024. 12. 24.
3쇄 발행 2025. 11. 17.

**지은이** 손지안
**펴낸이** 김병호
**펴낸곳** 주식회사 바른북스

**편집진행** 박하연
**디자인** 김민지

**등록** 2019년 4월 3일 제2019-000040호
**주소** 서울시 성동구 연무장5길 9-16, 301호 (성수동2가, 블루스톤타워)
**대표전화** 070-7857-9719 | **경영지원** 02-3409-9719 | **팩스** 070-7610-9820

•바른북스는 여러분의 다양한 아이디어와 원고 투고를 설레는 마음으로 기다리고 있습니다.

**이메일** barunbooks21@naver.com | **원고투고** barunbooks21@naver.com
**홈페이지** www.barunbooks.com | **공식 블로그** blog.naver.com/barunbooks7
**공식 포스트** post.naver.com/barunbooks7 | **페이스북** facebook.com/barunbooks7

ⓒ 손지안, 2025
ISBN 979-11-7263-890-0 03810

•파본이나 잘못된 책은 구입하신 곳에서 교환해드립니다.
•이 책은 저작권법에 따라 보호를 받는 저작물이므로 무단전재 및 복제를 금지하며,
이 책 내용의 전부 및 일부를 이용하려면 반드시 저작권자와 도서출판 바른북스의 서면동의를 받아야 합니다.